Marion Jana Goeritz

Schrittweise

Bibliografische Information der Deutschen Nationalbibliothek:

Die Deutsche Nationalbibliothek verzeichnet diese Publikation in der Deutschen Nationalbibliografie; detaillierte bibliografische Daten sind im Internet über http://dnb.dnb.de abrufbar.

Coverbild: Gerhard Lipold auf Pixabay

Coverbild bearbeitet: Marion Jana Goeritz

Herstellung und Verlag: BoD – Books on Demand, Norderstedt

ISBN: 978-3-7448-0116-4

Herzlich Willkommen liebe Leser,

Leben ist Veränderung. Und ja, die meisten von uns haben wohl Angst vor großen Veränderungen. Doch manchmal ist ein Weg einfach zu Ende, und uns bleibt nichts anderes übrig, als einen neuen Weg zu gehen. Morgen sind wir immer weiser, als wir es Heute noch sind, ganz gleich wo wir auch gerade stehen im Leben. Schrittweise vorwärts gehen, Stück für Stück unseres Weges und unsere Angst verliert ihr Gesicht.

Und unser Gefühl malt wieder bunte Farben, weil wir mutig sind.

Herzlichst
Marion Jana Goeritz

Mein Wunderland du,

machst

meine geheimen Wünsche war.

Erzählst mir keine Vergangenheit,

schreibst mir die Zukunft

bunt und schön unter meine Haut.

Lebendig bewegst du dich

auf mich zu.

Lässt das Leben einen Salto tun.

Bist das Wunder,

das sich mir immer wieder zeigt.

Ist dein Seelenlicht entzündet,

ist alles gut.

Mein Wunderland, du,

schaust in meine geheimen Träume

Nachts hinein.

Malst sie bunter mit deiner Kraft
und freust dich,
sehe ich sie auch am Tag.
Lebendig bewegst du dich
auf mich zu,
und lässt das Leben einen Salto tun.
Begebe ich mich
auf die Suche nach dir,
bist du bereits da.

Suchst du mich
im Licht des Morgens,
erzählen wohl Perlen dir
von deiner Nacht.
Was weißt du über dich?
Was erkennst du
in nur einem Tropfen Morgentau?
Und was wird sein,
wenn die ersten Sonnenstrahlen
diesen Tropfen begrüßen?
Erinnerst du dich?

Federleicht steigen wir auf,
lassen unsere Flügel
glänzen im Sonnenlicht.
Schweben über unser altes Land
und fängt der Wind uns ein,
werden wir fühlen, wer wir sind.

Leise Berührung.

Schmerz wich aus der Seele.

Alles gut.

Fangen wir uns ein,

lassen wir uns los,

wo wir auch immer sind?

Sind wir mutig genug,

zu sehen, zu fühlen,

auch zu wissen?

Fragen die neu geboren,

warten im Verborgenem.

Wird noch ein Wunder geschehen?

Werden wir verstehen?

Das Band, das unsichtbar,

wird es bleiben?

Wenn Zeit vergangen

und Zahlen sich

nach vorn bewegten,

wird das Paradies noch sein?

Zig bunte Luftballons
ziehen am blauen Himmelszelt.
Erzählen von Herzen,
die sich fanden.
Unsere Augen leuchten hell
und folgen ihnen leise,
und unser Luftballon steigt auf,
mit vielen guten Wünschen.
Der Wind wird ihn bewegen,
er lässt ihn schweben
mit den weißen Wolken
dort am Himmel.
Und werden andere,
die bunten Farben
am Himmel ziehen sehen,

erkennen auch sie ihre Wünsche
und wieder
steigt ein bunter Luftballon
zum Himmel auf.
Schau nur diese Farbenpracht.

Fliegst du in deiner Welt,
Sonnenhoch?
Schwebst du des Nachts
zum Mond?
Alle deine Gedanken
erfahren sie Raum?
Und wenn sich dein Gefühl
in Gefahr begibt,
fliegst du dann zu hoch?
Achte auf dich,
schütze deine Flügel,
damit du immer fliegen kannst,
und bleibst du doch mal am Boden,
dann nur, weil du es so magst.

Reise ich durch die Welt
meiner Gefühle,
reise ich manchmal weit.
Bleibe ich lang an einem Ort,
so tut es mir gut.
Schwebe in der Umlaufbahn,
greife nach den Sternen.
Wenn sie manchmal auch bedeckt,
doch fühlen darf ich sie.

Du wagst dich hinauf zur Sonne.
Dein Herz,
es singt dein Lied vom Himmel hoch
und wenn du an dich glaubst,
wirst du auch mutig sein.

Seine Augen

blickten in ihre Seele tief,

fühlten das Licht,

das sie wärmten.

Seine Hände suchten sie,

im Mondenschein der Nacht.

Was nicht sein durfte,

lag nicht in ihrem Gefühl,

und was er fühlte,

erzählte er nicht.

Seine Träume

fielen sacht auf eine Nebelbank,

eingehüllt in der Farbe der Nacht

mit ihrem Glitzerschein,

schliefen sie ein.

Was du auch gefühlt,

es schmerzte tief,

habe meine Angst gesehen

mitten in der Nacht.

Sie rief dich an,

doch du blicktest wo anders auf.

Was ich gewollt in dieser Nacht,

es war groß,

doch für dich

war es wohl viel zu klein.

Mein Gefühl

erzählte immer wieder Liebe,

doch es zu glauben fiel mir schwer.

Als die Schatten

dieser Nacht vorüber,

vielleicht wurde ich dadurch größer.

Schrieb deinen Namen noch,
doch meinen kanntest du nicht.
Es ist der Tag,
der mit seinem Licht
mir Wärme schenkt,
es ist er, der mir zur Seite steht,
ich bin es, die sich Liebe schenkt,
das bist nicht du.

Fragen der Nacht,

sie stehen im Raum.

Stühle laden ein, doch bleiben leer.

Wenn mein Gefühl es sagt,

so werde ich gehen

und ein weißes Tuch

weht leise im Wind.

Gehst du auch

mit einer Träne davon,

das weiße Tuch

weht weiter unter freiem Himmel.

Was meine Seele auch birgt,

sind es Farben, die zu mir gehören?

Male ich sie im Sonnenlicht,

erkenne ich mein Tun?

In der Welt der Liebe,

wohnen Rosen in allen Farben bunt.

Doch pflücken wir nur eine,

erkennen wir uns wieder?

So lassen wir sie strahlen dort,

wir werden sie besuchen,

und gibt es einen Regenschauer,

wir fühlen auch das Sonnenlicht.

Die Schwingen deiner Seele,

sie breiten sich aus im Licht.

Ihre Flügel müssen trocknen,

weil Perlen auf ihr sangen.

Doch wenn der neue Tag anbricht,

wirst du höher schwingen.

Einmal
den Duft deiner Haut einatmen.
Einmal
in deine Augen schauen.
Einmal
deine Hand berühren
und dein Herz soll mir sagen,
ich will deinen Namen nicht kennen.
Einmal
verstehen wie du lebst.
Einmal
dich im Überfluss
und ich kann dir sagen,
ob du bleiben darfst.
Einmal
dein Lachen hören.

Einmal
fühlen wie du mich fühlst.
Einmal
neben dir liegen
und ich weiß, ob du es wärst.
Einmal
dein Herz schlagen hören.
Einmal
in deinen Armen liegen.
Einmal
möchte ich dich sprechen hören.
Einmal nur,
bevor ich für immer
aus diesem Leben gehen muss.

★

Im Meer der Nacht
leuchten Abertausend helle Sterne.
Einen hast du für mich gepflückt
und schenkst ihn mir.
Liebeswogen umspülen unsere Haut.
Seelen finden sich,
doch was erzählt es uns.

Regenbogen wölbt sich farbenfroh.
Seelen tanzen schwerelos,
Himmelssinfonie.
Altes Leben längst verbannt,
doch halten sie sich an der Hand.
Und singen sie ihr Lied dazu,
erklingen ihre Töne,
wie die vielen bunten Farben,
die der Regenbogen zeigt.

Ein Haus am Meer,

seine Fenster zeigen Weite.

Weiße Schleier wehen leicht,

durch den Wind,

der im Zimmer tanzt.

Hören die Wellen

die Lieder der Einsamkeit?

Gesichter zeigen sich

und glaubt man ihnen,

führen sie uns an den Ort,

der Liebe spricht.

Welches Geheimnis

liegt auf dem Grund des Meeres?

Fühlst du mein Herz, es spricht.

Es erzählt von Liebe

und hört nicht auf.

Deine Seele findet Wege

und wirst du mit ihr gehen ,

findest du mich auch.

Zeit ist kostbar

und finde ich einen Moment,

werde ich mich vielleicht erinnern.

Nein, es tat nicht weh,

es schmerzte nur.

Dunkle Rosen

fielen aus dem Seelenhimmel,

doch sie erblühten nie.

Hatten das Licht

nicht in ihre Mitte gelassen.

Nein, es schmerzte nicht,

es tat nur weh.

Zeit, die wir nie hatten,

und doch ist sie vergangen.

Das, was als Chance gedacht,

verstreichen lassen?
Es war wohl für dich
nicht das Wichtigste im Leben?
Nein, es tat nicht weh,
es schmerzte nur.
Zeit ist kostbar
und doch fand ich diese Zeit,
um mich daran zu erinnern.

Seine Augen strahlen in die Nacht.
Er schweigt, doch er erzählt so viel.
Türen hinter sich geschlossen,
es bleibt das, was er erkannt hat.
Mitten in der Nacht,
sieht er Sterne an,
unten am Ufer des Flusses.
Stille umgarnt ihn langsam,
doch er erzählt so viel,
und Schiffe
die vorüberziehen nehmen mit,
was er auf die Reise schickt.

Du bist der Held in deinem Leben.

Ergibst dich nicht dem,

was dich hält.

Schreibst

deine Gedanken ins Gefühl.

Und fühlst du dich

im Drehen um dich selbst, frei?

Falsch verstandene Gefühle,

keine Nachfrage deinerseits.

Es sind die anderen,

du hast keine Probleme.

Du bleibst bei dir, meinst du?

Für dich ist es besser,

zu dir selbst zu stehen,

auch wenn du

in die falsche Richtung gehst?

Was hindert dich daran,

einen anderen Weg zu gehen,

der für dich richtiger sein könnte?

Dir einzugestehen,

bisher

nicht du selbst gewesen zu sein?

Du hattest dich weg geschlichen,
einfach so.
Das Kind vom Sturm
hatte noch geschlafen.
Das Sonnenlicht
erwachte in diesen Tagen spät,
und die silberne Sichel des Mondes
mochtest du nicht mehr sehen.
Was nahmst du mit
auf deine Reise?
Erinnerungen
versunken im Seelenmeer,
Wogen hielten sie geborgen.
Bis zu dem Tag,
als dein Seelenlicht

wieder entzündet wurde,

durch dich,

auf dem Weg, der zu dir gehört,

weil nur du ihn gehen kannst.

Wenn im Haus der Hoffnung,

alles erblüht,

auch wenn sich manch Dorn

zeigen möchte,

wächst der Glaube im Gefühl,

es könnte gelingen.

Wenn im Haus des Glaubens,

alles erblüht,

ist für manch Dorn kein Platz,

und das Gefühl es könnte gelingen,

ist groß.

Wenn im Haus der Liebe,

alles blüht

gibt es keine Hoffnung

und keinen Glauben,

denn allein die Liebe ist größer
als alles andere.
Im Gefühl ist sie pures Glück,
sie fürchtet kein Ende.
Denn die Liebe hört nie auf.

Wenn das Feuer der Nacht,
die Sterne nicht mehr funkeln lässt,
ist eine andere Zeit angebrochen.
Sie sind nicht mehr im selben Raum,
haben sich nicht halten können.
Er geht
seinen eigenen Gefühlen nach,
lässt sie die ihren leben.
Spätes Glück trügerisch.
Was gestern für sie
noch ein Kompromiss,
heute ist da ein Riss.
Wenn das Feuer der Nacht,
die Sterne wieder funkeln lässt,
sind sie wieder einem begegnet,
mit dem sie es versuchen können.

Haben sie gelernt?

Er trifft nur die, die er nicht liebt.

Wenn Regen fällt,

wird er klatschnass.

Für eine paar

geliehene Stunden in der Nacht,

rennt er morgens durch die Stadt.

Das ist die Rechnung,

die er dafür bezahlt.

Er sollte sich finden,

doch warum sucht er sich nicht?

Und was es mit ihm macht,

man weiß es noch nicht?

★

Telefon, ich höre keinen Ton von dir.

Deine Melodie,

sie singt doch so schön,

warum nur bist du so still?

Er gerade so weit weg von mir

und seine Gedanken

wo anders unterwegs.

Verstehen kann ich es,

doch erwartet habe ich mehr.

Spiel dein Lied für mich.

Jetzt und Hier.

Telefon,

ich höre dich, du singst so schön.

Wenn die Schlingen der Seile

sich lösen,

fällt die Vergangenheit.

Es waren alte Begebenheiten,

die aus der Seele geworfen.

Sie versinken

und werden zu neutralen Boden.

Konnten keinen Halt mehr finden,

denn das Neue war schon geboren.

Was er auch tat,

es waren sehr oft Schritte

in eine Richtung,

die ihm nichts bedeutet haben.

Sie tötet ihn,

er wird sich ohne Kampf ergeben.

Er fühlt bereits die Wende.

Und neue,

gute Impulse wollen leben.

Wenn du auf der Suche bist,

kennst du den Ort,

an dem Stille laut ist?

Gehst du darin spazieren?

Und deine Gedanken,

werden sie oft zu Gefühlen?

Oder schweigst du still?

Führen deine Schritte dich

über Stein, oder

fühlst du die weiche Erde unter dir,

bei jedem deiner Schritte

die du tust?

Und wenn du nach oben schaust,

siehst du das Himmelblau

und Wolken weiß zieren es?

Oder blickst du auf Wände weiß
und kein Horizont in der Nähe,
welcher dir
Hoffnung schenken kann?
Liegt der Ort der Stille nur in dir?

Immer

wenn ich in der Erinnerung weile,

weinst du,

und deine Augen so klein, wie du.

Sie hätten alles gewonnen,

als du kamst in die Welt,

doch du warst allein

und nichts

heilte deine Wunde bisher.

Ich weiß,

deshalb bin ich groß geworden,

um dich zu trösten

in einer Zeit,

in der dich die Erinnerung quält.

Deine Hände greifen nach mir

und ich halte sie fest,

das verspreche ich dir.
Du wunderbares Kind,
du Liebe meines Lebens,
warst groß,
doch nicht groß genug für die,
die dich übersahen.
Jetzt bin ich da
und halte dich in meinen Händen,
heile dich
im grünen Licht der Ewigkeit
und schenke dir Liebe.
Du bist groß,
größer als ich es je werden könnte,
und wenn
dann nur durch dich,
weil du mich immer wieder rüttelst,
in deiner Kindmanier.

Golden dein Licht,
scheinst du auf mich,
auf die Welt.
Ich liebe dich.

Wenn der kleine Schatz

in mir tanzt, singe ich mit ihm.

Wenn der kleine Schatz in mir ruht,

ruhe auch ich aus.

Wenn der kleine Schatz in mir weint,

kämpfe ich für sein Lachen.

Wenn der kleine Schatz in mir liebt,

liebe ich aus tiefster Seele,

mit ganzem Herzen

Wenn der kleine Schatz in mir

mich fragt,

schenke ich ihr Antwort,

so gut ich kann,

manchmal,

muss ich auch etwas dafür tun,

und werde belohnt mit Liebe,

die mehr als lohnt,

denn sie ist glücklich,

und das ist das Wichtigste für mich,

ich liebe sie.

Hat sie sich verrannt?

Nein, sie ist noch auf der Suche.

Ist schon so lang unterwegs.

Geht am Tag und auch des Nachts,

verlor manches Band,

doch nie ihr Ziel aus den Augen.

Habt sie sich verirrt?

Nein, sie sie richtig hier.

Ist schon lang auf dieser Welt,

aber fühlt sich manchmal traurig.

Doch schaut am Tag

der Sonne entgegen,

und des Nachts funkeln die Sterne,

auch für sie,.

Ist sie das? Ist sie das?

Ja, das ist sie auch.

Hat sie verloren?

Nein, sie hat gewonnen.

Suchte sich in jeder Schublade.

Fand sich immer mehr.

Alles tanzt, das Vertraute,

auch das Neue.

Kommt noch was?

Kommt noch mehr,

das sie entzückt?

Etwas das auch zu ihr gehört?

Das sich Fühlen

und anfassen lässt?

Alles, was in ihrer Seele wohnt,

wird es zum Leben erweckt?

Es zeigen sich Blitz und Donner,

doch seine Lippen verschlossen.

Kein Wort lebt in der Welt von ihm.

Seine Augen müde,

sie suchen nicht mehr.

Wo will er sein in diesen Tagen?

Es stürmt auf ihn ein,

doch seine Lippen verschlossen.

Was er denkt, bleibt bei ihm.

Sein Gesicht wendet sich ab,

doch fragen sie sich schon,

warum er nie spricht.

Was will er tun in diesen Tagen?

Windstill, kein Regen,

doch die Sonne singt vom Himmel.

Seine Lippen verschlossen.

Er spricht nicht über das,
was ihm auf seiner Seele brennt.
Da ist niemand der ihn halten kann.
Niemand der zuhört,
denn selbst sein Schweigen
ist zu leise.
Was wird er tun in diesen Tagen?
Es gibt so vieles,
das in ihm wohnt
und sich nicht zeigt.
Er versperrt sich selbst den Weg.
Es sind so viele Worte,
die gesagt werden wollen,
sie möchten sich befreien
und doch nur er ist der,
der ihnen dazu verhelfen kann.

Was wird er sprechen
in diesen Tagen?

Wenn die Stille vorbei,

geht sie wieder hinaus.

Sie weiß, sie wollte so viel,

und hat es doch

am Haken hängen lassen.

Geht ohne dies

und vielleicht

beschwert sie sich eines Tages

auch darüber,

doch die Zeit

passt gerade nicht dazu,

es anzugehen.

Stille durchbrechen,

scheint so einfach wohl,

doch es ist ihr Gefühl,

das sie gehen lässt, oder hält.

Er versprach ihr so viel
in den ersten Tagen.
Sie verstand nicht
was er meinen könnte.
Lachte über das Gesagte
und wunderte sich.
Missverständnisse
drehten sich unentwegt im Kreis.
Doch versuchte sie
nur eines zu klären,
war er nicht bereit.
Sie verlor das Vertrauen in ihn,
das sich nie mehr einstellen wollte
und ihn schmerzte es in der Seele,
das er sich so verhalten hatte.

Zu verschieden waren sie,
und er kannte keine Kompromisse .
Hoffte darauf,
das sie immer wieder auf ihn
zukommen würde,
doch sie hatte von ihm gelernt.
Und ging ohne einen Kompromiss
von ihm und blieb in ihrer Welt.
Er versprach ihr so viel
in den ersten Tagen.
Sie verstand nicht
was er meinen könnte.
Später fühlte sie die Lügen
und wandte sich von ihm ab.
Der Schmerz

hatte ihr diesen Weg gewiesen,
und heute fühlt sie sich gut wie nie.

Fragenkatalog aufgeschlagen

"Wohin führt es?"

Antwort auf Seite vier.

"Durch den Schmerz, zur Freiheit.

Selbstliebe gelernt."

Weicher Sand unter ihren Füßen,

Wasser küsst ihn unentwegt.

Wind haucht fühlbar neue Gedanken

in ihr Leben.

Keinen Plan vorm inneren Auge,

keinen Plan an der Wand.

Aber ihr Gefühl spricht leise.

Geh weiter, es wird gut.

Werde ich mich noch verstehen,

wenn es kein anderer kann?

Kann ich meine Zweifel besiegen,

wenn sie sich zeigen?

Zeige ich mich, wie ich wirklich bin?

Bin ich gut,

oder bin ich erst

auf dem Weg dorthin?

Gibt es einen Ort,

an dem alles stimmt für mich?

Was ich will, das bin ich!
Was ich möchte, das bin ich!
Und, bin ich bereits?

Was suchst du? Was suchst du?

Gehst deinen Weg

auf den heißen, hellen Steinen.

Deine Schritte langsam, bedacht.

Keiner deiner Gedanken

geht auf eine Reise,

du zerkleinerst sie. ohne Verlust.

Schreit deine Seele,

weint dein Herz,

dein Weg ist kein anderer,

als der, den du gehst.

Was suchst du? Was suchst du?

Jeden Morgen wieder.

Der Regen, er fällt an dir vorbei.

Ein Sonnenstrahl erreicht dich dort.

Die Ruhe um dich, groß.

Die Stille in dir, weit.

Was suchst du? Was suchst du?

Glaubst du, du hast es gefunden,

hier oder dort?

Er schreibt seine Lieder auf Papier,

das sich weich anfühlt.

Leere Seiten erzählten so viel.

Seite 1,2,3.

Harte Worte müssen sein,

sie waren sein Leben.

Seine Seele fand zurück zu ihm

und erzählt von ihrer Reise.

Berührt

führt er den Stift übers Papier.

So manche Frage,

die sich ihm stellt,

trifft ihn schwer,

doch die Antwort will er geben.

Er möchte mutig sein

für sein eigenes Leben.

Demütig stehen wir vor dir.

Unsere Hände zum Gebet gefaltet.

Aus unserer Seele sprechen wir

und hoffen auf deinen Segen,

egal zu welcher Zeit.

Du nimmst so viel entgegen,

du schenkst so viel.

Frieden im Gefühl,

Liebe im Herzen.

Wir danken dir dafür.

Die Nacht viel zu lang.

Er kann nicht schlafen.

Seine Seele ohne Ruhe.

Hat er etwas übersehen?

Manche Sterne leuchten heller,

als andere.

Manche Worte schmerzen mehr,

als andere.

Manche Menschen lieben mehr,

als er.

Was spricht er in solchen Nächten?

Die Nacht geht zu Ende.

Er geht schlafen.

Seine Seele findet Ruhe.

Wenn er aufwacht, was wird sein?

Meine Essens, Liebe.

Küsse meine Augen im Schlaf
und lausche meinem Atem.
Lege deine Haut auf die meine,
spürst du die Nähe,
welche zwischen uns wohnt?
Lerne mich lieben,
wie ich dich schon lange liebe.
Erwache aus dem Traum,
der deinen Traum
zu verhindern versucht.
Lerne ich mich kennen,
nur durch dich,
lernte ich schon so manche Zeit.
Suchte nie nach dir,
warst nicht bereit.

Mein Gott,

wie oft ich das schon sagte.

Bei mir zu sein,

manchmal auch so schwer.

Die Zeit jedoch, wird noch bezeugen,

ob der Tag,

der Heute bereits gegangen,

einer der Neueren schon war.

Küsse ich deine Wangen,

ich glaube, selbst da werde ich rot.

Halte ich deine Hände,

klopft mein Herz ganz laut.

Meine Haut,

sie spürte noch nie die deine,

deine Worte,

manchmal kalt wie ein Schwert.

Und, wenn ich mich nicht irre,

alles gewollt

und doch nichts geklärt.

Wenn Träume beginnen

zu erwachen,

erwachte so mancher

aus dem Traum.

Doch ich möchte

mich stärker machen,

ich wünsche mir Vertrauen.

Die Gedanken reisen,

von Gestern nach Heute,

von Heute zu Morgen,

und nichts heilt die Zeit,

nur die Wirklichkeit

Und, wenn der Tag
der Morgen kommt,
erzählt von einem Menschen,
der sich nicht traut,
weil er nichts weiß,
dann werde ich es nicht glauben.
Es sind die alten Wunden wohl noch,
die sich noch nicht schlossen.
Sie zeigen uns Erinnerungen
und wir reagieren verdrossen.
Doch,
wann kommt die Stunde einmal nah,
die sich nicht mehr so erinnert,
die einfach nur noch Liebe spricht,
als war es niemals anders?

Und

wenn du auch keinen Namen trägst,

nicht für mich,

nur für die anderen,

wie konnte ich nur einmal glauben,

das du dich für mich

als Mensch interessieren könntest ?

Es schmerzte so tief

in meiner Seele.

Diese Erkenntnis war so groß.

Doch glaube mir, ich weiß es schon,

auch ich trage meine Schuld.

Doch, ich weiß,

alle sieben Meere

zeigen sich auf dem Erdball hier.

Und so glaube ich auch,

wir zwei können doch mehr,

als nur wollen

und dem anderen gegen den Strich.

wir könnten verstehen lernen,

warum ein anderer und nicht ich.

Warum nur,

war der Anfang misslungen?

Vielleicht,

zu viel Erwartungen,

in den anderen gesetzt?

Doch hat nicht Jeder

das Recht so zu leben,

wie er es fühlt

und wie er es möchte?

Meine Gefühle schwanken,

zwischen himmelhochjauchzend
und Traurigkeit.
Manchmal
finde ich in mir ein Lachen,
manchmal
beginne ich zu weinen.
Manchmal
fühle ich es kommt von dir,
manchmal
glaube ich, du hast Angst vor mir.
Manchmal
frage ich mich warum?
Manchmal
denke ich an dich,
manchmal glaube ich,
es ist nicht gut.

Manchmal

sehe ich dich in Bildern,

manchmal freue ich mich dann.

Manchmal

bereue ich,

das wir uns schon trafen,

manchmal

weinte ich danach.

Manchmal

fühlte ich die Sehnsucht,

doch du warst nie da .

Und wenn alle sieben Meere

sich nun zeigen, Heute noch,

dann schwimme ich hinaus

auf ihren Wogen,

und mein letzter Gedanke,

geht wohl an dich.

Magie einer Nacht
das Licht ganz sacht
meine Haut berührt.
Gefühl der Liebe
Seelentief erwacht.
War auch der Schatten
gestern noch gefühlt,
heute ist er ungeschehen.
Worte klingen zart,
wie ein leises Geigenspiel
und wenn ich mich zu dir träume,
hält deine Welt an.
Wir lieben uns,
wie das Licht der Liebe
es in unsere Herzen geschrieben.

Der Morgen träumt

vom funkelnden Zauberlicht

und der Zauber der Nacht

verspricht so viel.

Und klingen unsere schönen Gefühle

in unseren Seelen ,

ist ein Wiedersehen so nah.

Von Marion Jana Goeritz ebenfalls beim Verlag BoD erschienen (BoD Books on Demand, Norderstedt, nähere Informationen finden Sie unter www.BoD.de)

„Liebe für die Seele Band 1"
ISBN 978-3-7357-4045-8

„Liebe für die Seele Band 2"
ISBN 978-3-7357-7734-8

„Seelenweiß"
ISBN 978-3-7347-5769-3

„Seelen essen Liebe gern"
ISBN 978-3-7347-8706-5

„SeelenEngel"
ein spiritueller Erfahrungsbericht
ISBN 978-3-7386-2588-2

„SeelenSchlüssel"
ISBH 978-3-7386-3844-8

„Seelenfarben"
ISBN 978-3-7386-3947-6

„Seelenschimmer"
ISBN 978-3-7386-4014-4

„Seelenfinden"
ISBN 978-3-7386-4037-3

„Ein Gefühl meiner Seele"
ISBN 978-3-7386-1506-7

„Seelenfrieden" Danken, Bitten, Ent-
spannung ein persönlicher Erfahrungs-
bericht
ISBN: 978-3-7386-4884-3

„Seelenweihnacht"
ISBN: 978-3-7386-5616-9

„Im Land unter dem Regenbogen"
Wunderbare Märchen und unglaubli-
che Geschichten
ISBN: 978-3-7392-0115-3

„Freddy und seine Geschichten"
ISBN: 978-3-7386-3321-4

„SeelenWorte"
ISBN: 978-3-7392-0455-0

„Herzanker"
ISBN: 978-3-7392-3482-3

„Im Fluss der Liebe"
ISBN: 978-3-7392-3489-2

„Seelenklänge"
ISBN: 978-3-7392-3532-5

„Liebeslied"
ISBN: 978-3-7392-3548-6

„Wahre Traumtänzerin"
ISBN: 978-3-7392-3556-1

„Emilia Sommerfeld"
ISBN: 978-3-7392-3787-9

„Für mich war es Liebe"
ISBN: 978-3-8423-5362-6

„Kaleidoskop"
ISBN: 978-3-8423-5738-9

„Die verzauberte Wiese"
ISBN: 978-3-7412-0772-3

„Seelenbrücke"
ISBN: 978-3-7412-0890-4

„Wetterleuchten"
ISBN: 978-3-7412-2740-0

„Zentrifuge"
ISBN: 978-3-7412-4011-9

„Für Dich"
ISBN: 978-3-7412-4018-8

„Hannos Geschichten"
ISBN: 978-3-7412-9373-3

„Das Eulenherz"
ISBN: 978-3-7431-0009-1

„Eine Reise irgendwo hin"
ISBH: 978-3-7421-0042-8

„Ist das wirklich wahr?"
ISBN: 978-3-7431-1549-1

„Stille Momente"
ISBN: 978-3-7431-1586-6

„Engelszwirn"
ISBN: 978-3-7431-1594-1

„Anders"
ISBN: 978-3-7448-3582-4

„Wenn es spricht"
ISBN: 978-3-7448-3583-1

„Jonas und die Himmelsleiter"
ISBN: 978-3-7448-5452-8

„Farbenregen"
ISBN: 978-3-7448-5453-5

„Wellenfarbe"
ISBN: 978-3-7448-7311-6

Blanchefleur
ISBN: 978-3-7448-7415-1

„Winterzauber"
ISBN: 978-3-7448-9885-0

„Seele was denkst du dir?"
ISBN: 978-3-7448-9937-6

"Der Südwind
der aus dem Norden kam"
ISBN: 978-3-7448-8206-4

"Erinnerungsblick"
ISBN: 978-3-7460-1281-0

„Mosaik" Gefühle und Gedanken
Gedichte
ISBN:978-3-7460-1320-6

„Begegnung"
ISBN: 978-3-7460-9595-0

„Sternenozean"
ISBN:978-3-7460-9685-8

„Himmelsstern"
ISBN: 978-3-7528-5012-3

„Mut verspricht Lebendigkeit"
ISBN: 978-3-7528-5071-0

„Liebeswort-Gedichte"
ISBN: 978-3-7528-6639-1

„Wenn Schiffe wandern"
ISBN: 978-3-7528-6655-1

„Bunte Federstriche" Gedichte
ISBN: 978-3-7481-0960-0

„Himmelblau und Sonnenreich"
Tierseelengeschichten
ISBN: 978-3-7481-3289-9

„Durchreisen"
ISBN: 978-3-7386-5903-0

„Grüne Traummusik"
ISBN: 978-3-7392-4925-4

„Bewegung"
ISBN: 978-3-7481-4013-9

„Wolken am Himmelsrand"
ISBN: 978-3-7494-8219-1

Weitere Informationen zu Neuerscheinungen finden Sie immer auf meiner Seite

www.buchkaleidoskop.Reikipraxis-Goeritz.de